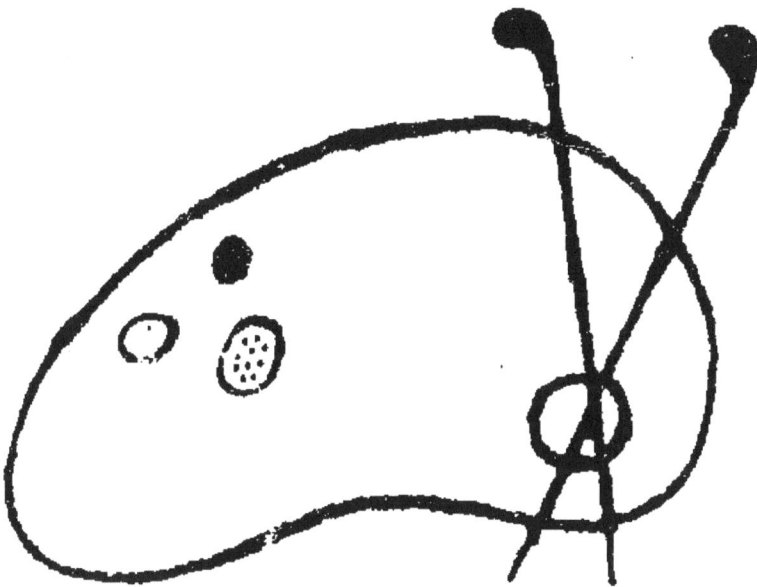

Début d'une série de documents
en couleur

LE MAUSOLÉE

DU

DUC DE BOUILLON

A CLUNY (SAONE-ET-LOIRE)

PAR

L. LEX ET P. MARTIN

CORRESPONDANTS DU COMITÉ DES SOCIÉTÉS DES BEAUX-ARTS
DES DÉPARTEMENTS

PARIS

TYPOGRAPHIE DE E. PLON, NOURRIT ET Cie

RUE GARANCIÈRE, 8

1890

PARIS

TYPOGRAPHIE DE E. PLON, NOURRIT ET Cie,

Rue Garancière, 8.

Fin d'une série de documents
en couleur

LE MAUSOLÉE

DU

DUC DE BOUILLON

A CLUNY (SAONE-ET-LOIRE)

Ce Mémoire a été lu à la réunion des Sociétés des Beaux-Arts des départements, à l'École des beaux-arts, dans la séance du 29 mai 1890.

MAUSOLEUM, SERENISSIMORUM BULLIONII DUCUM, GENTIS ARVERNICÆ, AB ORDINE CLUNIACENSI, FUNDATORUM MEMORE
EXOPTATUM, CONSTRUXIT EMMANUEL THEODOSIUS A TURRE ARVERNIÆ, CARDINALIS BULLIONIUS, SACRI COLLEGII DECA-
NUS, EPISCOPUS OSTIENSIS, MAGNUS FRANCIÆ ELEEMOSINARIUS, ABBAS GENERALIS CLUNIACENSIS.

MAUSOLÉE DU DUC DE BOUILLON

PROJET DU MONUMENT

D'après la gravure de B. AUDRAN

LE MAUSOLÉE

DU

DUC DE BOUILLON

A CLUNY (SAONE-ET-LOIRE)

PAR

L. LEX ET P. MARTIN

CORRESPONDANTS DU COMITÉ DES SOCIÉTÉS DES BEAUX-ARTS
DES DÉPARTEMENTS

PARIS

TYPOGRAPHIE DE E. PLON, NOURRIT ET Cie

RUE GARANCIÈRE, 8

1890

STATUE DU DUC DE BOUILLON

D'après une photographie de M. H. Miexot, de Mâcon

LE

MAUSOLÉE DU DUC DE BOUILLON

A CLUNY

Nous hésitons véritablement, après la publication du procès-verbal de M. de Sève [1] et des papiers d'Alexandre Lenoir [2], à écrire si peu que ce soit sur le mausolée de Frédéric-Maurice de La Tour d'Auvergne, frère du maréchal de Turenne et père du cardinal de Bouillon. De ces documents, en effet, l'un dépeint l'ensemble du mausolée tel qu'il aurait été érigé, sans l'arrêt du Parlement, du 5 août 1710, et la minutieuse précision des détails y parle aussi clairement à l'intelligence que la fine gravure de Benoît Audran [3] frappe vivement le regard [4]; l'autre signale les débris qui ont échappé soit à la destruction des insignes princiers réputés séditieux par le Roi [5], soit aux ventes de l'époque révolutionnaire auxquelles Cluny doit d'être privé de tant d'œuvres d'art irrémédiablement perdues.

Mais nous avons eu la double bonne fortune de découvrir aux

---

[1] *Revue de l'Art français*. Paris, 1888, in-8°, p. 320.

[2] *Description historique et chronologique des monumens de sculpture réunis au Musée des monumens français*, par A. LENOIR. Paris, 6e édit., an X, in-12, p. 265; *Inventaire général des richesses d'Art de la France, Archives du Musée des monuments français*. Paris, 1883-6, in-8°, t. I, p. 146, 159 et 177.

[3] *Histoire générale de la maison d'Auvergne*, par BALUZE. Paris, 1708, 2 vol. in-f°. Certains exemplaires de la pièce sont anonymes; elle mesure 640 millimètres de hauteur sur 343 de largeur. (Ch. LE BLANC, *Manuel de l'amateur d'estampes*, t. I. Paris, 1854, in-8°, p. 76.) Voir pl. I.

[4] Elle a inspiré deux croquis à la plume, que l'on trouve dans *Cluny. Notice sur la ville et l'abbaye*, par A. PENJON, 1re, 2e et 3e édit. Cluny, 1873, 1874 et 1884, in-8°, p. 17.

[5] M. J. Guiffrey a bien voulu nous faire connaître qu'il livrerait prochainement à l'impression le procès-verbal de cette destruction, récemment retrouvé aux Archives du département du Rhône.

Archives du département de Saône-et-Loire [1] un texte inédit et de constater à Cluny même l'existence d'un important morceau resté inaperçu.

Ce texte qu'on va lire date de la Restauration; il est donc postérieur aux projets de transfert qu'avait caressés Lenoir, et qui n'ont pas été suivis d'exécution [2]. La copie que nous avons sous les yeux n'est pas signée; elle est de la main de Jean-Baptiste Demiège [3], ancien ingénieur des ponts et chaussées des États du Mâconnais, qui, d'ailleurs, s'y nomme à plusieurs reprises.

Description du mausolée du duc de Bouillon déposé dans le rez-de-chaussée d'une des tours de la maison abbatiale de l'abbaye de Cluny.

« Un monument précieux, couvert de poussière, et déposé depuis un siècle dans l'une des tours du palais abbatial de l'abbaye de Cluny, est perdu pour les Arts et enlevé à l'admiration publique. C'est le mausolée du duc de Bouillon, frère du maréchal de Turenne, et père du cardinal de Bouillon.

Le cardinal de Bouillon, grand aumônier de France, abbé de Cluny, ayant été disgratié de la Cour et exilé par Louis XIV dans son abbaye, quitta, sans l'autorisation du Roi, en 1710, le lieu de son exile pour se rendre à Rome. C'est pendant son séjours dans cette ville [4], qu'il fit faire le mausolée du duc de Bouillon, son père. Il se propooit de faire ériger ce monument dans l'église de l'abbaye de Cluny. Le Roi, pour mortifier le cardinal, qui lui avoit désobéi, défendit que ce monument fût élevé, et fit poser les scellés par M. de Sève, sénéchal de Lyon [5], sur les caisses qui en renfermoient les marbres, et qui étoient arrivées à Cluny.

[1] Série T.
[2] V. la dépêche ministérielle du 19 pluviôse an VIII et le rapport de Lenoir du 19 thermidor suivant. (*Archives du Musée des monuments français*, p. 159 et 170.)
[3] Né à Vesoul (Haute-Saône), mort à Mâcon le 28 juillet 1821, à l'âge de quatre-vingts ans. (Archives de la ville de Mâcon, série E.)
[4] Dans un rapport du préfet de Saône-et-Loire au ministre de l'intérieur, en date du 14 septembre 1818, on lit : « ...Il manquerait pour l'élévation du mausolée beaucoup de pièces que l'on dit être restées à *Milan* et *Turin...* » (Archives départementales, série T.)
[5] V. dans la *Revue de l'Art français, loc. cit.*, p. 334, le procès-verbal dressé par ce magistrat.

STATUE DE LA DUCHESSE DE BOUILLON

D'après une photographie de M. H. Mignot, de Mâcon

La première caisse renferme la statue de Frédéric-Maurice de La Tour d'Auvergne, duc de Bouillon, vêtue à la romaine, de grandeur au-dessus du naturel, ayant six pieds, assise sur des trophées d'armes; son bras droit est étendu, sa main est appuiée sur un casque, tenant un bâton de commandement[1]; sa main gauche repose sur sa poitrine, et ses yeux sont élevés vers le ciel; le duc paroît exprimer les sentimens dont il est pénétré[2].

L'attitude de la statue est expressive; il règne un grand accord entre toutes ses parties, qui son en harmonie avec le caractère de la tête, dont la ressemblance exacte ajoute encore à l'intérêt qu'elle inspire. Cette figure et ses attribus sont d'un seul bloc de marbre.

La seconde caisse renferme la statue de la duchesse de Bouillon, Éléonord-Marguerite de Berghz, princesse d'Allemagne, mère du cardinal. Elle est à demie à genoux sur un carreau, coiffée en cheveux bouclés, vêtue d'une longue robe, et par-dessus un manteau ducal. Elle a la face tournée sur la droite, et disposée, étant en place, à fixer les yeux sur le duc son époux. A sa gauche est un génie qui tient un gros livre ouvert; elle paroît lui aider, de la main gauche, à le soutenir, et, de sa droite, elle indique sur le livre ces paroles de la consécration, écrites en lettres d'or : *Hoc est enim corpus,* etc[3].

Cette figure ne le cède en rien à la première par la beauté de ses contours et la précision dans les détails; l'expression de sa phisionomie est pure et gratieuse, parfaitement d'accord avec le sentiment dont elle paroît touchée. La draperie est riche, ajustée avec art, et rendue avec beaucoup de vérité. Cette statue est également d'un seul bloc de marbre avec le génie.

Ces deux principales figures retracent la conversion du duc de Bouillon, qui étoit protestant, et que son épouse catholique fit rentrer dans le sein de l'Église romaine.

On devoit voir, dans l'enfoncement, un peu en arrière des deux premières figures, une tour crénelée, chargée de trophées de bronze doré, de laquelle un ange, au vol éployé, ayant encore un pied dans la tour, tenant dans sa main droite un cœur enflamée,

[1] « Louis XIII l'avoit créé en 1635 général de la cavalerie. » (Note de Demièye.)
[2] Voir pl. II.
[3] Voir pl. III.

s'élève vers le ciel; c'est le cœur du duc de Bouillon[1] qu'il y transporte. Cette figure est également d'une grande beauté par l'exactitude et la régularité de ses formes.

On remarque un bas-relief en marbre, représentant un combat de cavalerie; les actions et les attitudes des combatants y sont variées à l'infini. Le duc de Bouillon, représenté à cheval, tenant son bâton de commandement à la main, est placé sur une éminence; il est entouré d'officiers généraux; ses yeux sont fixés sur le combat; il paroit en suivre tous les mouvemens. C'est bien le cas de dire : *Ici le marbre respire*[2].

Il manque beaucoup de pièces pour l'élévation de ce mausolée; elles ne sont pas arrivées à Cluny. Celles qu'on y trouve sont éparses dans un rez-de-chaussée très humide; elles se gâtent et dépérissent journellement.

Le duc de Bouillon étoit né dans la religion protestante; la princesse de Berghz, son épouse, étoit catholique; elle détermina son époux à rentrer dans le sein de la religion de ses pères. Ce mausolée représente son abjuration : l'idée est belle et d'une conception heureuse. Ce monument religieux est fait pour être placé dans une église; il en feroit l'ornement en même tems qu'il feroit par ses beautés l'admiration des connesseurs et du public.

En 1786, monsieur de Baquancour, intendant de Bourgone, se rendit à Cluny pour régler quelques difficultés qui s'étoient élevées entre la municipalité de cette ville et les moines de l'abbaye; il coucha à Mâcon, à l'évêché; M. Moreau, alors évêque et président des États de la province, l'accompagna. Ils visitèrent l'église de cette célèbre abbaye dans tous ses détails : les moines les conduisirent dans la sacristie pour leur faire voir la belle et superbe argenterie destinée au service de l'église; ils leur présentèrent un petit sac de velour cramoisi, dans lequel étoit le cœur du maréchal de Turenne, enfermé dans un cœur de plomb recouvert d'une lame de vermeil, sur laquelle étoit gravée cette inscription : *Ici est renfermé le cœur du très haut et très puissant prince Henri de La Tour d'Auvergne, vicomte de Turenne, colonel général de la cavalerie légère de France, gouverneur du haut et bas*

---

[1] « Mort le 9 août 1652 à Pontoise, et enterré à Évreux. » (Note de Demiège.) Voir p. 11, note 3.

[2] Voir pl. IV.

Limousin, et maréchal général des camps et armées du Roi.

Les moines assurèrent que ce dépôt avoit été fait [1] par le cardinal de Bouillon, grand aumônier de France, abbé de Cluny, et son neveu.

De là on les conduisi dans un rez-de-chaussée de la maison abbatiale où étoient déposés les marbres du mausolée dont on vient de donner la description. M. l'Évêque et M. l'Intendant pensèrent que c'étoit le mausolée du maréchal de Turenne, et qu'il conviendroit de le tirer de la poussière, et de le faire élever.

M. l'Intendant à son retour à Dijon en donna avis à M. de Saint-Germain, alors ministre de la guerre. Ce ministre écrivit aussitôt à M. l'Évêque de Mâcon de prendre des renseignemens exacts sur ce monument, et lui manda qu'au cas que ce fût le mausolée du maréchal de Turenne, il le feroit conduire à Paris pour le faire placer à l'hôtel des Invalides.

M. l'Évêque chargea le sieur Demiège, ingénieur des ponts et chaussées, qui avoit accompagné M. l'Évêque à Cluny, et qui n'avoit pas été d'avis que ce fût le mausolée de M. de Turenne, de prendre tous les renseignemens nécessaires à l'effet de constater à quel personnage il pouvoit appartenir. Il est résulté des renseignemens que ce mausolée étoit celui du duc de Bouillon, père du cardinal. Le ministre en fut instruit; il ne jugea pas à propos de le faire ériger aux Invalides.

Le sieur Demiège fit lever les desseins par le sieur Cochet [2], habile dessinateur, de toutes les pièces qui étoient éparses et dans des caisses, les fit réunir dans un dessein dans la forme que le mausolée devoit être élevé; il le présenta à M. l'Évêque, qui le fit encadrer et placer dans son salon.

En 1777, Monsieur, aujourd'huy Louis XVIII, ayant accompagné jusqu'à Lyon sa sœur, Madame, qui se rendoit en Savoie pour épouser le prince de Chablais, prit la route de la Bourgogne pour retourner à Paris. Il coucha à l'évêché de Mâcon, sur la fin de juillet. Il apperçu, dans le salon, le dessein du mausollée du duc de Bouillon, demanda à M. l'Évêque ce que c'étoit que ce monument, et s'il étoit érigé. M. l'Évêque, après quelques expli-

[1] En 1693. V. *Revue de l'Art français*, loc. cit., p. 353.
[2] Architecte lyonnais, né en 1760, mort en 1835.

cations, dit au prince que s'il désiroit de plus amples détails, il lui présenteroit l'ingénieur qui avoit dirigé ce dessin. En effet, le sieur Demiège eut l'honneur d'être présenté à Monsieur et de lui donner tous les renseignements qu'il désiroit sur ce mausolée. Le prince en demanda le dessein à M. l'Évêque, et le maréchal de camp qui étoit à sa suite l'emporta à Paris.

En 1791, époque de l'établissement des administrations départementales, le directoire de celle de Saône-et-Loire invita la maison de Bouillon à faire élever ce mausolée; elle répondit que le moment n'étoit pas favorable pour le faire, et que, de plus, l'érection de ce monument exigeroit beaucoup de dépense. Depuis ce tems, il n'a plus été question de ce mausolée; il est resté dans l'oubli. »

Voici, d'après nos recherches personnelles, quels sont exactement les morceaux du mausolée conservés à Cluny. Ils sont actuellement répartis entre deux locaux, la chapelle de l'hôpital [1] et le musée lapidaire de la ville.

Dans le vestibule de la chapelle [2] de l'hôpital on trouve :

1° Le sarcophage, que personne jusqu'à présent n'a identifié, car, par méconnaissance de sa destination primitive, — ainsi que le prouve l'inscription qu'on y lit derrière, — il a été transformé en autel :

PIERRE LOUIS
BRIDET DES MYARD [3]
LA RETABLIE
LE 30 MARS
1802.

Il est fait de deux marbres gris, veinés, l'un de blanc, l'autre de jaune [4]. La table est polie sur 0^m,34 de profondeur; bouchardée

[1] Le cardinal de Bouillon est compté au nombre des principaux bienfaiteurs de cet établissement.

[2] On y voit également, dans une châsse en bois du dix-huitième siècle, des fragments de la crosse dite de saint Hugues, abbé de Cluny (1049-1109). Ce sont deux bâtons, longs d'environ 0^m,65 chacun; ils sont recouverts d'une mince bande d'argent, haute d'environ 0^m,015, roulée en spirale, et décorée d'une suite ininterrompue de rosaces à huit feuilles, dont le champ est pointillé.

[3] Hameau de la commune de Brandon, près Cluny.

[4] Diverses cavités ont été bouchées à l'aide d'un stuc dont la teinte rappelle celle de l'onyx.

BAS-RELIEF DU MAUSOLÉE DU DUC DE BOUILLON
D'après une photographie de M. H. Mignor, de Mâcon.

sur 0ᵐ,95. C'est sur cette dernière partie qu'auraient été placés le duc et la duchesse. La face postérieure du sarcophage est devenue l'antérieure de l'autel ; mais toutes deux présentent à l'œil le même aspect.

Longueur : au sommet, 3ᵐ,10 ; au milieu, 3ᵐ,13 ; à la base, 2ᵐ,57. Hauteur : 0ᵐ,94. Profondeur : au sommet, 1ᵐ,29 ; au milieu, 1ᵐ,32 ; à la base, 0ᵐ,77.

2° Le duc (pl. II). Marbre blanc. Le pied droit a été cassé un peu au-dessus de la cheville.

Longueur : 1ᵐ,80. Hauteur : 1ᵐ,47. Hauteur de la tête : 0ᵐ,30. Longueur du socle : 1ᵐ,50. Profondeur du socle : 0ᵐ,75.

3° La duchesse (pl. III). Marbre blanc. Le génie a été, dans le voisinage des parties sexuelles, l'objet d'une mutilation légère destinée à faciliter l'adaptation d'une feuille de vigne. Sur le livre qu'il tient ouvert, est cet extrait de la première épitre de saint Paul aux Corinthiens [1], en lettres dorées :

EPIST. B. PAVLI	AD CORINT. 1
Et gratias a-	HOC EST COR
gens fregit,	PVS MEVM QV-
& *dicit : accipite*	OD PRO *vobis tra*
& *manducate :*	*detur; hoc facite*
	in meam com-
	memorationem.

Longueur : 1ᵐ,4. Hauteur : 1ᵐ,81. Hauteur de la tête : 0ᵐ,30. Longueur du socle : 1ᵐ,27. Profondeur du socle : 0ᵐ,78.

4° Le bas-relief (pl. IV). Marbre blanc. Manque le pied, cassé au cou, d'un combattant renversé, et les nez des deux guerriers casqués.

Longueur : 1ᵐ,57. Hauteur : 0ᵐ,88. Hauteur des têtes d'hommes au premier plan : 0ᵐ,06.

5° L'ange ou génie, placé très haut, à la clef de l'arc qui sépare de la chapelle le vestibule. Marbre blanc. Sa main droite ne tient plus le « cœur de bronze doré, creusé par le dedans pour servir de boette [2] » ; manque aussi l'index.

---

[1] xi, 24. — Cet extrait a remplacé une phrase de l'Évangile selon saint Luc. (V. *Revue de l'Art français, loc. cit.*, p. 344 et 345.)

[2] *Revue de l'Art français. loc. cit.*, p. 346. — Cette *boette* devait contenir, non pas, comme l'a cru Lenoir, le cœur du duc de Bouillon (*Archives du Musée*

Dans le Musée lapidaire de la ville, on conserve :

1° Le sommet de la tour. Marbre blanc. Sous les créneaux, on lit l'inscription suivante [1], unique reste des nombreux ornements en bronze doré dont Lenoir a pu voir encore quelques débris [2] qui avaient échappé à la destruction des emblèmes soi-disant séditieux :

MILLE CLYPEI PENDENT EX EA [3].

des monuments français, loc. cit., p. 149), mais bien le cœur de *Turenne*, ainsi que l'ont attesté, le 15 septembre 1818, deux anciens religieux de l'abbaye. (Archives départementales, série T.) L'histoire de ce cœur est intéressante. Voici ce qu'en écrivait, le 22 août 1818, le maire de Cluny au préfet de Saône-et-Loire : « ...J'ai fait toutes les recherches possibles pour découvrir comment étoit arrivé à Cluny le cœur de M. le maréchal de Turenne... D'après la tradition, le cœur de ce grand homme, à la demande du cardinal de Bouillon, son neveu, alors abbé et seigneur de Cluny, fut envoyé au monastère de cette ville avec *la Pie*, son cheval d'affection. Nos anciens disent que ce cheval est péri de vieillesse dans les écuries du couvent, qu'il n'avoit plus de dents à sa fin et qu'on ne le nourrissoit que de farine, que le prieur, à qui il étoit extrêmement recommandé, l'avoit pris en affection et lui portoit lui-même tous les jours un petit sac de biscuits au sucre qu'il lui faisoit manger. D'après l'inventaire, il n'y a plus de doute que c'est bien le cœur de M. de Turenne que nous possédons. Voici ce qu'il est dit à l'art. 17 : « On voit encore parmi l'argenterie le cœur de M. de Turenne, enchâssé dans du « plomb revêtu d'un cœur de vermeil du poids de deux marcs quatre onces... » Nous avons aussi appris par tradition que deux grenadiers qui avoient servis sous Monsieur de Turenne, passant par Cluny au commencement du 17e (*sic*) siècle, demandèrent à voir le cœur de leur général. On s'empressa de leur donner cette satisfaction ; à la vue du cœur, ils tirèrent leurs sabres, qu'ils mirent en croix dessus, s'agenouillèrent, et firent une petite prière les larmes aux yeux... GACON, adjoint. » (Archives du département de Saône-et-Loire, série T.) L'enveloppe de vermeil fut portée au directoire du district sous la Révolution. « Le 4 nivôse an II (24 décembre 1793), le sieur Gary, commandant l'armée révolutionnaire, se fit remettre sur son récépissé le cœur de Turenne, prit la boîte de vermeil, et rejeta le cœur en plomb, en disant qu'il n'avait pas besoin de ce morceau de plomb. » (Procès-verbal dressé par le préfet de Saône-et-Loire, à Cluny, le 30 août 1818. Archives départementales, *loc. cit.*) L'enveloppe de plomb fut, avec son contenu, déposée dans une armoire de la mairie, et y resta jusqu'en 1818, époque à laquelle la municipalité s'en dessaisit en faveur du comte de la Tour d'Auvergne-Lauraguais, maréchal des camps et armées du Roi, chef de la famille qui avait donné Turenne à la France. (Archives départementales, série T.) Une note insérée par M. P. Laurent dans les *Archives historiques, artistiques et littéraires* (Paris, 1890, in-8°, p. 207), nous apprend que la précieuse relique est conservée pieusement au château de Saint-Paulet (Aude).

[1] *Cantique des cantiques*, IV, 4.

[2] *Archives du Musée des monuments français, loc. cit.*, p. 149.

[3] Et non EX ILLA, comme l'imprime à tort M. Penjon (*Cluny. La ville et l'abbaye*, 2e édit., 1884, in-8°, p. 38.)

2° Quatre chapiteaux corinthiens, provenant du couronnement des pilastres. Marbre blanc. Deux d'entre eux, destinés à des encoignures, ont la forme d'angles droits rentrants.

Hauteur, 0m,72. Largeur à la base : 0m,60.

3° Vingt et un fragments de moulures des entablements et des piédestaux. Marbres divers.

Enfin, deux moulages en plâtre du bas-relief existent, à notre connaissance, l'un au Musée lapidaire de Cluny, l'autre au Musée lapidaire de Mâcon [1].

La ville de Cluny, on l'a vu, possède à peu près toute la partie centrale du mausolée, c'est-à-dire le groupe auquel la niche devait donner abri. Il suffirait d'en réunir les éléments dispersés [2]. Le soubassement où s'encastrait le bas-relief, d'une part, le corps et la base de la tour allégorique, d'autre part, sont les seules pièces à refaire. On obtiendrait ainsi une belle masse sculpturale mesurant 8 mètres de haut sur 3 de large.

Ce monument ne se recommanderait, il est vrai, ni par la simplicité de l'ordonnance, ni par l'élégance de la forme, ni par la pureté du style. Il a été sculpté à une époque de décadence par d'habiles artistes italiens dont malheureusement nous ignorons les noms [3], mais chez qui la recherche du détail s'allie admirablement au fini de l'exécution. Cependant la tour, et l'ange ou génie qui en sort, sont d'une facture très inférieure aux figures principales remarquablement achevées. Quant au bas-relief, on peut dire hardiment qu'il défie toute critique, et qu'il est une œuvre exquise; sa composition, pleine de vie et d'entrain, dénote chez l'auteur une science consommée. Chaque figure est à sa place, les mouve-

[1] La notice de ce dernier attribue l'original à Coyzevox et donne le combat comme étant celui de La Marfée.

[2] Le 4 novembre 1785, Demiège écrivait de Mâcon à un correspondant inconnu : « ...J'ai les plans et les détails concernant la manière que ce mausolée doit être élevé, et j'ai la description de la forme que doit avoir la chapelle où il devoit être placé. Les pièces en marbre destinées pour la décoration et l'ornement de cette chapelle ne sont point à Cluny, mais toutes les pièces du mausolée y sont. Je connois le lieu où il devoit être placé dans l'église de l'abbaye et je me ferois fort de l'y faire élever superbement pour deux mille écus... » (Bibl. nat., fonds des nouvelles acquisitions latines, 2269, n° 125.)

[3] LENOIR (Archives du Musée des monuments français, loc. cit., p. 180) indique Puget. PENJON (Cluny. La ville et l'abbaye, p. 39) nomme Coustou et Coyzevox. L'œuvre est bien digne de ces grands artistes.

ments sont justes, les attitudes vraies, les raccourcis savants ; la dégradation des plans est irréprochable. Grande hardiesse de dessin, grande sûreté de main.

Pris ensemble, les restes de ce mausolée produiraient à coup sûr un puissant effet décoratif. Ce serait en tout cas l'un des plus importants spécimens de la sculpture funéraire de la fin du dix-septième siècle et du commencement du dix-huitième.

PARIS

TYPOGRAPHIE DE E. PLON, NOURRIT ET Cⁱᵉ,

Rue Garancière, 8.

www.ingramcontent.com/pod-product-compliance
Lightning Source LLC
Chambersburg PA
CBHW061802040426
42447CB00011B/2431